Inhalt

Blu-Ray vs. HD-DVD - Die ersten Systeme sind auf dem Markt, aber noch hat kein Standard die Nase vorn

Kernthesen

Beitrag

Fallbeispiele

Weiterführende Literatur

Impressum

GENIOS WirtschaftsWissen Nr. 03/2007 vom
13.03.2007

Blu-Ray vs. HD-DVD - Die ersten Systeme sind auf dem Markt, aber noch hat kein Standard die Nase vorn

M.Westphal

Kernthesen

- Auf der diesjährigen Consumer Electronics Show waren die neuen Speichermedien und die entsprechende Hardware für hochauflösende HDTV-Bilder die Renner.
- Blu-Ray wie auch HD-DVD haben beide jeweils eine prominente Anhängerschaft, die alles daran setzt, den Formatstreit zu gewinnen.

- Der hohe Kopierschutz dieser neuen Verfahren ist bereits geknackt worden. Allerdings können weitere Mechanismen integriert werden, die dann aber die Produktionskosten erhöhen.

Beitrag

Speichermedien für Filme in hochauflösenden HDTV-Bildern sind auf dem Markt. Allerdings konkurrieren noch zwei nicht miteinander kompatible Systeme.

Endlich sind Speicherformate auf dem Markt, die das Speichern kompletter Filme in hochauflösenden HDTV-Bildern ermöglichen

Blu-Ray und HD-DVD sind beides Formate, die hochauflösenden Filmgenuss ermöglichen und damit versuchen, die DVD zu verdrängen. Aber diese beiden Formate sind miteinander nicht kompatibel, da jedes seine eigene Technik verlangt. Daher behindern sie sich bisher gegenseitig beim Aufbau dieses neuen Marktes, da die Kunden nicht wissen, auf welches

Format sie setzen sollen. (2)
Der HD-DVD-Standard wird derzeit von den Unternehmen Microsoft, Hewlett-Packard, Toshiba und Intel unterstützt, während Sony, Apple, Pioneer, Philips und Samsung auf Blu-Ray setzen. (2)
Eines dieser Formate wird voraussichtlich den Kampf um die Gunst des Publikums verlieren und ebenso wie die ehemaligen Video-Standards Video 2000 und Betamax in der Versenkung verschwinden. (2)

Verschiedene Player versuchen den Formatstreit zu entschärfen

Der Medien-Riese Time Warner möchte dieses kostspielige Format-Risiko nicht eingehen und hat daher mit "Total HiDef Disc" sein eigenes Format geschaffen, welches spätestens Ende dieses Jahres auf den Markt kommen soll. Grundsätzlich ist dieses Format nichts Neues. Wie bei einer alten Vinyl-Schallplatte ist auf der einen Seite der Disk die Filmversion in HD-DVD und auf der anderen das Blu-Ray-Format gebrannt. (2) Bisher will noch kein weiteres Filmstudio dieses aufwendige "Format" unterstützen. Der Hardware- Hersteller LG bietet deshalb einen Kombi-Player an, der beide Formate verarbeitet. Zwar kann der Player Audio- und Videoinhalte von HD-DVDs wiedergeben, aber er unterstützt die HD-DVD-Menüstruktur nicht vollständig. So besitzt er keine Speicherfunktion für Favoriten und keinen zweiten Decoder für Bild-in-Bild-Funktionen. Daher hat das HD-DVD-Lager beschlossen, dieses Gerät nicht zu zertifizieren, weshalb es nicht das HD-DVD-Logo tragen darf. Dieser Player ist in den USA schneller auf den Markt gekommen als erwartet. Das Kombigerät BH-100 sollte erst Anfang Februar ausgeliefert werden. Tatsächlich war es in den USA aber ab Mitte Januar in den Verkaufsräumen. Das Gerät, welches für 1 199 US-Dollar angeboten wurde, war sehr schnell ausverkauft. (2), (5)

Die Speicherung der Bildinformationen funktioniert bei den HD-Formaten wie bei der "alten" DVD

Im Gegensatz zur "alten" DVD bieten die neuen Formate die drei- bis fünffache Speichermenge an Daten, um hochauflösende HDTV-Bilder, die sich aus mehr als zwei Millionen Bildpunkten zusammen setzen (statt rund 400 000 bei der DVD), speichern zu können. Die neuen Formate bieten neben der höheren Auflösung auch ein größeres Farbspektrum und noch mal verbesserte Klangqualität. Technisch werden auch diese neuen Formate arbeiten wie die DVD bei der Speicherung der Bildinformationen. Fährt z. B. ein Auto über eine Straße ändert sich der Hintergrund nur unwesentlich, sodass eine Serie aus zwölf Bildern genommen wird. Dabei werden nur die Veränderungen innerhalb dieser Reihe abgespeichert, genauso wie sich das Datenpaket "Auto" von Bild zu Bild verschiebt. Nur diese Kompression ermöglicht es der DVD - und jetzt auch den neuen Formaten - alle Informationen zu speichern. Ansonsten würden gerade mal 15 Minuten Stummfilm auf eine doppelt beschichtete DVD mit 8,5 GB Speicherkapazität passen. (2)

Der erste HD-DVD-Film ist in einer P2P-Börse aufgetaucht

Die Leinwandadaption der TV-Kultserie "Firefly", der Science-Fiction-Film "Serenity", war an der Kinokasse nicht besonders erfolgreich. Trotzdem könnte dieser Film zu ungewolltem Ruhm kommen. Denn Serenity ist der erste High Definition-Film, der in einer P2P-Tauschbörse aufgetaucht ist. Dieses Angebot gelangte nur wenige Wochen nach der erstmaligen Entschlüsselung einer HD-DVD durch einen Hacker an die Öffentlichkeit. (1)

Bis zum jetzigen Zeitpunkt ist der Schaden für die Filmindustrie noch überschaubar. Denn trotz der schon veröffentlichten Schlüssel besteht für Consumer-Player noch keine Möglichkeit, Raubkopien abzuspielen, auch wenn die entsprechenden Daten auf einen Rohling gebrannt würden. Nur PCs können diese geknackten Filme abspielen, ohne eine HDCP-Verschlüsselung in der Verbindung zum Monitor zu berücksichtigen. Allerdings werden sehr leistungsfähige Prozessoren benötigt, um die hochauflösenden Filme ruckelfrei dekodieren zu können. (1)
Die Hersteller von Rohlingen wie auch die Hardware-Hersteller dürften davon profitieren, wenn eine geknackte Kopie erstmals auf einem Standalone-Player laufen würde. (1)
Die Industrie muss damit rechnen, dass eine größere Auswahl an Raubkopien den Formatkrieg zwischen der HD-DVD und Blu-Ray entscheiden könnte. Die Kunden werden sich für das unsicherere Format entscheiden und es kaufen, da sie dann auch selbst gebrannte Filme abspielen könnten, weshalb Blu-Ray als langfristig sichererer Standard verlieren könnte. (1)

Die Kopierschutzverfahren für

Blu-Ray und HD-DVD sind sehr aufwendig

Der aufwendige Kopierschutz AACS (Advanced Access Content System), den sowohl Blu-Ray als auch HD-DVD nutzen, setzt sich aus verschiedenen Kopierschutzmechanismen zusammen. Zum Schutz gegen unbefugtes Auslesen werden sämtliche Inhalte mittels AES (Advanced Encryption Standard) codiert. Der zum Abspielen benötigte passende 128Bit-Schlüssel ist nur unter großem Aufwand mit einem größeren Rechnerverbund und Durchprobieren (Brute Force) zu knacken. (1)
Allerdings sind während der Film-Wiedergabe im Speicher der japanischen Version von WinDVD 8 HD die entsprechend benötigten Schlüssel zu finden. Damit reicht der "Angriff" mittels einer so genannten Plaintext-Attacke aus, um den Schlüssel zu knacken. (1)
Im Unterschied zu Brute Force-Attacken zapfen Plaintext-Attacken die Datenströme an, ohne dabei die Player-Software anzugreifen. Man könnte also behaupten, dass AACS überhaupt nicht geknackt wurde, sondern nur "BackupHDDVD"- und "Backup BluRay"-Programme erstellt wurden, die einen implementierten Kopierschutz simulieren. Für mehrere Filme sind aus der Hackerszene die Schlüssel im Web veröffentlicht worden, so z. B. für die Filme

"King Kong" und "Batman Begins" in HD-Version. (1) Das Knacken des Schutzmechanismus ist nun auch von den an der Entwicklung von AACS beteiligten Unternehmen bestätigt worden. Aufgrund der enormen Download-Datenmenge wird der Schaden bei den bisher üblicherweise den Konsumenten zur Verfügung stehenden Bandbreiten aber noch als gering eingestuft. (3)
AACS weist eine Vielzahl von Kopierschutz-Funktionen auf. Die Filmindustrie, gewarnt durch das die Geschäftsgrundlage der Musikindustrie gefährdende einfache Kopieren von Musik-CDs, könnte nun weitere Funktionen nutzen. So gibt es Programme, die den laufenden Datenstrom überwachen und die Übertragung bei Manipulationen beenden. Ein solches Programm könnte auch wie ein Viren-Scanner kontinuierlich erneuert werden. Ebenso könnten so genannte ROM-Marks integriert werden. Nur mit diesem Rom-Mark versehene Filme würden von Blu-Ray-Spielern abgespielt. Alle diese Maßnahmen würden allerdings zu einer deutlichen Erhöhung der Produktionskosten führen. (1)
Ebenso könnten die Media-Player unter Windows XP in einem Update so verändert werden, dass das Abspielen unmöglich wird. Allerdings würde diese Maßnahme voraussetzen, dass kopierwillige Nutzer ihre Programme freiwillig updaten.
Unter Windows Vista werden die genutzten Schlüssel

nur noch in geschützten Speicherbereichen abgelegt. (1)
Die Einführung des Betriebssystems Microsoft Windows Vista wird deshalb beiden Formatlagern schaden. Es wird dann nämlich auf den meisten Rechnern nicht möglich sein, HD-DVD- oder Blu-Ray-Filme abzuspielen. Auf Druck der Industrie hat Microsoft einen Anti-Piraterie-Schutz in sein Betriebssystem integrieren müssen. Die digitale Verbindung zum Monitor verlangt nach dem Content-Schutz HDCP. Solange diese Voraussetzung nicht erfüllt ist, kann Vista keine Filme abspielen. Allerdings kann der Nutzer den Umweg gehen und analoge Anzeigegeräte anschließen, für die dieser Content-Schutz nicht gilt. Über Windows XP mit aktuellem Power DVD-Deluxe Player können Filme abgespielt werden ebenso wie über die Xbox 360. (11)

Vielleicht entscheidet wieder einmal die Pornoindustrie über das Siegerformat

Die Pornoindustrie hat häufig die Einführung innovativer Technologien unterstützt, von der Druckindustrie über die Videokassette. Mit der neuen HighDefinition-Technologie könnte dieses anders

werden, da zuviel Schärfe evtl. nicht mehr so sexy ist, denn Cellulite, Rasur-Ausschlag, Krampfadern oder auch Augenfalten würden deutlicher zu sehen sein. (4), (6)
Die Regisseure sehen diesem Problem aber gelassen entgegen, da sie im Rahmen der Post-Produktion mit Hilfe von Filtern und anderen Techniken diese ästhetisch unschönen Bildteile kaschieren können. (6) Außerdem wird der Einstieg der Pornoindustrie in den High-Definition-Markt durch Sony gebremst. Sony als einer der Haupttreiber des Blu-Ray-Formats will aufgrund seiner Firmenphilosophie pornografische Inhalte nicht vervielfältigen und seine Lizenznehmer zu ebensolchem Verhalten anhalten. Die Pornoindustrie hat sich deshalb jetzt für das HD-DVD-Format entschieden. Die Pornoindustrie ist über Sonys Haltung irritiert, da sie sich als einer der Haupttreiber der neuen Formate sieht, mit allein 7000 neu produzierten Filmen in den USA im vergangenen Jahr, die zu einem Umsatz von 3.6 Milliarden US-Dollar führten. Einer der wesentlichen Anbieter, die Firma Digital Playground, wird noch im Januar 2007 die ersten vier Filme auf HD-DVD veröffentlichen. (4)

Der Formatstreit hat weitreichende wirtschaftliche

Folgen

Auch die Hersteller der für die Produktion der Silberscheiben notwendigen Anlagen leiden unter dem Formatstreit. Ihre Verkäufe und die Planbarkeit, welche Anlagen für welches Format in welchen Stückzahlen geordert werden, verzögern sich. Gerade die Filmstudios, die zu den wichtigsten Kunden zählen, treten wegen des Formatstreits auf die Investitionsbremse. Die Hersteller hoffen auf einen Sieg der Blu-Ray-Technologie, da hierfür komplett neue Anlagen benötigt werden, wohingegen bei HD-DVD die Aufrüstung des vorhandenen Equipments ausreicht. (9)
Zu berücksichtigen ist bei dem ganzen Formatstreit nicht nur der Umsatz aus dem Verkauf von Abspielgeräten, sondern auch das Lizenzgeschäft für die Nutzung der Technologien. So erlöst Philips für jeden CD- und DVD-Rohling, der heute weltweit hergestellt wird, einige Cent Lizenzgebühren. (10) Ebenso werden für jedes produzierte Gerät Abgaben an diverse Lizenzinhaber fällig. Daher wird keines der beiden Lager seine Position kampflos aufgeben, da über die Jahre hinweg alleine aus diesen Lizenzeinnahmen Milliardenbeträge erlöst werden. Sollte sich der Markt für Blu-Ray entscheiden so sind die damit verbundenen Lizenzgebühren deutlich höher als bei HD-DVD. Hewlett-Packard hat vorgerechnet, dass ein Blu-Ray-Abspieler in einem

Computer Lizenzgebühren von rund 30 US-Dollar kosten würde. (10)

Fallbeispiele

Der erste in Europa erhältliche HD-DVD-Player ist der Toshiba HE-E1. Er unterscheidet sich von den marktüblichen DVD-Playern insbesondere durch seine höherwertige Verarbeitungsqualität. Aktuell kostet dieses Gerät etwa 650 Euro.
Allerdings ist dieses Gerät im Gegensatz zu DVD-Playern mit viel Elektronik voll gestopft. So befinden sich in seinem Innern programmierbare Signalprozessoren und andere komplexe Baugruppen, sodass das Gerät eher einem Computer gleicht denn einem Consumer-Player. Allerdings benötigt dieses Gerät auch etwa 40 Sekunden nach dem Einschalten, ehe es betriebsbereit ist. Außerdem lässt die Lesefähigkeit von selbstgebrannten Medien zu wünschen übrig. Zwar kann der Player alle DVD- und CD-Varianten lesen, Foto-Sammlungen, Divx-Filme oder MP3-Musik spielt er aber nicht ab. (7)

Der Kombi-Player von LG Player besitzt bisher nur die HDMI 1.2-Anschlüsse und nicht die aktuellen

HDMI 1.3-Anschlüsse, die eine höhere Bandbreite für Audio- und Videoübertragung ermöglichen. (5)
Aus Sicht der Konsumenten stellt sich die Frage, ob der Preis von etwa 1 200 US-Dollar für ein solches Kombi-Gerät gerechtfertigt ist. So kostet in den USA eine Sony Playstation 3 mit eingebautem Blu-Ray-Laufwerk knapp 600 US-Dollar, eine Microsoft Xbox knapp 400 US-Dollar und das optional zur Xbox zu beziehende HD-Laufwerk schlägt noch einmal mit knapp 200 US-Dollar zu Buche. Alle diese Geräte zusammen kosten dann genauso viel wie das Kombi-Gerät von LG.
Auf der diesjährigen Consumer Electronics Show im Januar in Las Vegas wurde das Gerät vom Publikum zum besten Produkt der Messe gekürt. (5)

Weiterführende Literatur

(1) Matthiesen, Nils, Kopierer könnten Formatstreit entscheiden, Spiegel Online, 06.02.2007
aus Süddeutsche Zeitung, 24.01.2007, Ausgabe Deutschland, S. 14

(2) Welches Format folgt auf die DVD?
aus Rheinische Post Nr. vom 30.01.2007

(3) Jetzt offizell: AACS wurde erfolgreich angegriffen
aus PC-Welt Online, Meldung vom 26.01.2007

(4) Richtel, Matt, In raw world of Sex Movies, High

Definition could be a view to real, Spiegel Online, 23.01.2007
aus PC-Welt Online, Meldung vom 26.01.2007

(5) LG bringt Blu-ray-/HD-DVD-Kombiplayer nach Europa
aus PC-Welt Online, Meldung vom 07.02.2007

(6) Zu scharf: Porno-Stars fürchten HD
aus PC-Welt Online, Meldung vom 23.01.2007

(7) Herzlich willkommen im Heimkino-Alltag
aus Frankfurter Allgemeine Zeitung, 23.01.2007, Nr. 19, S. T2

(8) Playstation 3 startet am 23. März in Europa
aus PC-Welt Online, Meldung vom 25.01.2007

(9) Die Blauen rollen an
aus Euro am Sonntag, 14.01.2007, Nr. 2, S. 26

(10) Krieg der Formate
aus Handelsblatt Nr. 007 vom 10.01.07 Seite 8

(11) Windows Vista: Nicht jeder PC wird HD-DVD- und Blu-Ray-Filme abspielen können
aus PC-Welt Online, Meldung vom 09.01.2007

(12) Fronten im Kampf um die neuen DVD-Formate weiterhin verhärtet
aus VDI NR. 02 VOM 12.01.2007 SEITE 8

Impressum

Blu-Ray vs. HD-DVD - Die ersten Systeme sind auf dem Markt, aber noch hat kein Standard die Nase vorn

Bibliografische Information der deutschen Nationalbibliothek

Die Deutsche Nationalbibliothek verzeichnet diese Publikation in der deutschen Nationalbibliografie; detaillierte bibliografische Daten sind im Internet über http://dnb.d-nb.de abrufbar.

ISBN: 978-3-7379-0326-4

© 2015 GBI-Genios Deutsche Wirtschaftsdatenbank GmbH, Freischützstraße 96, 81927 München, www.genios.de

Alle Rechte vorbehalten. Dieses Werk ist einschließlich aller seiner Teile – z.B. Texte, Tabellen und Grafiken - urheberrechtlich geschützt. Jede Verwertung außerhalb der Grenzen des Urheberrechtsgesetzes bedarf der vorherigen Zustimmung des Verlags. Dies gilt insbesondere auch für auszugsweise Nachdrucke, fotomechanische Vervielfältigungen (Fotokopie/Mikroskopie), Übersetzungen, Auswertungen durch Datenbanken oder ähnliche Einrichtungen und die Einspeicherung und Verarbeitung in elektronischen Systemen.